Tendance recettes

W0350039

bento

Déjeuner à la japonaise

Artémis éditions

bento

Déjeuner à la japonaise

➤ Né au Japon il y a déjà plusieurs siècles, le bento est un repas contenu dans une boîte. Cette dernière possède des compartiments dans lesquels sont disposées différentes préparations culinaires. Cette *lunch box*, beaucoup plus chic qu'un Tupperware, permet aux adultes d'emporter leur déjeuner sur leur lieu de travail.

➤ Véritable régal pour les yeux et les papilles, les recettes maison, avec lesquelles vous garnissez les boîtes bento, présentent plus d'un avantage pour la santé. Composées de légumes et de fruits frais, de viandes blanches ou de poissons, elles sont diététiquement équilibrées. En outre, les portions de tailles très raisonnables permettent de contrôler sa ligne. Cependant, vu le petit format des boîtes bento, il est sans doute préférable d'en prévoir plusieurs pour les gros appétits.

P : temps de préparation. C : temps de cuisson.
M : temps de marinade. R : temps de repos. Re : temps de réfrigération.

SOMMAIRE

boules de riz
et effeuillée d'avocat

Pour 2 boîtes bento moyennes

C : 15 min P : 20 min Re : 1 h

- 8 queues d'écrevisses cuites sous vide (décortiquées)
- 40 g de riz
- 1 cuillère à soupe de vinaigre de riz
- 1 pincée de gingembre râpé
- 1 cuillère à café de sucre
- 1 à 2 feuilles d'algue
- ½ avocat
- 1 cuillère à café de wasabi
- Sel, poivre

1. Faites tiédir le vinaigre de riz, ajoutez le sucre et le gingembre. Mélangez bien.
2. Faites cuire le riz (départ eau bouillante salée) pendant 15 min. Égouttez-le. Laissez tiédir et ajoutez le vinaigre au gingembre, mélangez. Le riz commence à coller.
3. Épluchez le demi-avocat et coupez-le en tranches fines.
4. Humidifiez la feuille d'algue et posez-la à plat, ajoutez une couche de riz, puis les écrevisses et les tranches d'avocat. Roulez-le tout et laissez 1 h au réfrigérateur.
5. Coupez des petits rouleaux et accompagnez-les avec du wasabi.

saumon poêlé
au saké

Pour 2 boîtes bento moyennes

C : 5 min P : 10 min M : 1 h

- 2 morceaux de saumon de 120 g
- 4 cl de saké
- ½ gousse d'ail hachée très finement
- 2 cuillères à soupe de sauce soja
- 1 cuillère à soupe d'huile d'olive
- 1 pincée de sucre
- 1 pincée de gingembre frais râpé
- Sel, poivre

1. Mélangez l'ail avec la sauce soja, l'huile, le gingembre, le saké et le sucre. Enrobez les morceaux de saumon avec le mél et laissez mariner 1 h.
2. Assaisonnez et passez-les au four à 200 °C (therm. 6-7) pendant 5 min environ.
3. Laissez-les refroidir et placez-les dans les boîtes.

écrasé
de pommes de terre

Pour 2 boîtes bento moyennes

C : 30-40 min P : 15 min

- 2 grosses pommes de terre
- 2 cuillères à soupe d'herbes hachées (persil plat, cerfeuil, ciboulette)
- 4 cuillères à soupe d'huile d'olive
- 15 g de beurre
- 1 pincée de gros sel
- Sel, poivre

1. Placez les pommes de terre dans une casserole avec de l'eau froide à hauteur et le gros sel. Faites cuire 30-40 min. Égouttez-les.
2. Épluchez-les puis écrasez-les à l'aide d'une fourchette. Ajoutez le beurre, le mélange d'herbes et l'huile tout en mélangeant.
3. Réalisez des quenelles de purée et placez-les dans les boîtes.

Note : Se mange chaud ou froid.

concombre

aux graines de sésame

Pour 2 boîtes bento moyennes

P : 20 min

- ½ concombre
- 1 cuillère à café de graines de sésame grillées
- 2 cuillères à soupe de yaourt nature
- 1 cuillère à café de jus de citron
- 1 pointe de piment d'Espelette
- 1 pincée de gros sel
- Poivre

1. **Cannelez le concombre** si vous possédez un canneleur. Coupez-le en deux dans la longueur et ôtez les graines. Émincez-le finement. Placez-le dans une passoire avec le gros sel, mélangez et laissez dégorger 15 min. Rincez-le et essuyez-le.
2. **Mélangez le concombre** avec les graines de sésame. Poivrez légèrement. Disposez dans les boîtes.
3. **Mélangez le yaourt** avec le jus de citron et le piment. Accompagnez le concombre avec cette sauce.

omelette

aux œufs de lump

Pour 2 boîtes bento moyennes

C : 20 min **P : 15 min**

- 40 g de riz
- 1 cuillère à café d'œufs de lump rouges
- 1 cuillère à café d'œufs de lump noirs
- 4 œufs
- 15 g de beurre
- 1 cuillère à soupe de crème fraîche
- 1 cuillère à soupe de vinaigre de riz
- 1 cuillère à café de sucre
- 1 pincée de gingembre râpé

1. **Faites tiédir** le vinaigre de riz et ajoutez le sucre et le gingembre, mélangez bien.
2. **Faites cuire** le riz (départ eau bouillante salée) pendant 15 min. Égouttez-le. Laissez tiédir et ajoutez le vinaigre au gingembre, mélangez. Le riz commence à coller.
3. **Fouettez les œufs** avec la crème, assaisonnez. Ajoutez les œufs de lump, mélangez.
4. **Faites fondre** le beurre dans une poêle antiadhésive, ajoutez l'appareil et réalisez une omelette. Placez-la sur une assiette et laissez refroidir.
5. **Façonnez** de petites bandes de riz et ajoutez un morceau d'omelette par-dessus.

minicakes

à la menthe fraîche

Pour 10 minicakes

C : 20 min **P : 15 min** **R : 1 h**

- ½ botte de menthe fraîche
- 3 œufs
- 180 g de farine
- ½ sachet de levure chimique
- 10 cl de lait
- 10 cl d'huile
- 1 cuillère à soupe de miel
- 1 goutte de colorant vert
- 1 noix de beurre

1. **Faites bouillir** le lait. Ajoutez les feuilles de menthe et laissez infuser 3 min. Passez le lait au chinois, ajoutez le colorant et laissez refroidir.
2. **Fouettez les œufs** avec le miel. Incorporez la farine et la levure petit à petit. Ajoutez l'huile et le lait en mélangeant bien.
3. **Beurrez** des petits moules à cake et versez l'appareil aux trois quarts. Laissez reposer 1 h au réfrigérateur.
4. **Enfournez** à 180 °C (therm. 6) pendant 20 min environ. Démoulez-les et laissez refroidir.

haricots verts
et écrevisses marinées

Pour 2 boîtes bento moyennes

C : 15 min P : 20 min M : 1 h

- 200 g de haricots verts
- 10 queues d'écrevisses cuites sous-vide (décortiquées)
- 1 cuillère à soupe d'huile d'olive
- 20 g de beurre
- Le zeste râpé d'un demi-citron vert
- 4 gouttes de Tabasco
- Sel, poivre

1. **Lavez et équeutez** les haricots verts. Plongez-les 15 min environ dans de l'eau bouillante salée. Refroidissez-les et égouttez-les.
2. **Faites fondre** le beurre jusqu'à l'obtention d'une couleur noisette puis ajoutez-le aux haricots. Mixez le tout et assaisonnez. Réalisez des quenelles et placez-les dans les boîtes.
3. **Faites mariner** les queues d'écrevisses dans l'huile d'olive avec le zeste de citron et le Tabasco. Assaisonnez et laissez mariner 1 h. Égouttez-les et disposez-les sur la purée de haricots verts.

maquereau
en rillettes

Pour 8 toasts

P : 20 min Re : 2 h

- 100 g de maquereau frais
- ¼ de baguette au sésame
- 15 g de beurre
- ½ échalote hachée
- 20 cl de crème fraîche
- 1 cuillère à café de moutarde à l'ancienne
- 4 grains de poivre vert
- 1 cuillère à soupe de ciboulette émincée
- 1 cuillère à soupe de vinaigre de vin
- 1 cuillère à café de jus de citron
- Sel, poivre

1. **Coupez la baguette** en rondelles et passez-les 5 min au four à 200 °C (therm. 6-7). Laissez refroidir.
2. **Faites bouillir** une petite casserole d'eau avec le vinaigre. Ajoutez le maquereau. Éteignez le feu et laissez refroidir. Égouttez-le et émiettez-le.
3. **Faites bouillir** la crème avec l'échalote, le poivre vert et la moutarde. Ajoutez le maquereau émietté, le beurre et le jus de citron. Passez le tout au mixeur. Ajoutez la ciboulette, mélangez et laissez prendre 2 h au réfrigérateur.
4. **Tartinez les toasts** au sésame de rillettes de maquereau.

brochette
de fraises et noix de coco

Pour 1 boîte bento

P : 10 min

- 4 belles fraises
- 10 g de noix de coco râpée
- 10 g de cassonade
- 2 feuilles de menthe

1. **Lavez les fraises,** épongez-les délicatement et équeutez-les.
2. **Sur une petite pique en bois,** placez une feuille de menthe, 4 fraises et une autre feuille de menthe.
3. **Mélangez** la noix de coco avec la cassonade, puis saupoudrez les fraises avec ce mélange.

trempettes
de légumes croquants

Pour 2 grandes boîtes bento

P : 15 min

- ½ carotte
- ¼ de concombre
- 1 tige de céleri-branche
- 1 yaourt nature
- 1 cuillère à café de raifort
- ½ échalote hachée
- 1 cuillère à café de ciboulette émincée
- Sel, poivre

1 LAVEZ LES LÉGUMES. Épluchez la carotte. Coupez les légumes en gros bâtonnets. Réservez dans les boîtes.

2 DANS UN BOL, mélangez le yaourt avec l'échalote, le raifort et la ciboulette. Assaisonnez.

3 PLACEZ VOTRE SAUCE à côté des bâtonnets.

thon cru
au poireau

Pour 2 boîtes bento moyennes

C : 10 min P : 15 min M : 1 h

- 1 blanc de poireau
- 100 g de thon rouge frais
- 2 cuillères à soupe d'huile d'olive
- ½ échalote hachée
- Le jus d'un demi-citron vert
- 4 gouttes de Tabasco
- 1 pointe de paprika
- Sel, poivre

1 COUPEZ LE POIREAU en rondelles en biais. Faites-les cuire à la vapeur. Refroidissez-les et égouttez-les.

2 COUPEZ LE THON en tout petits cubes et mélangez-le avec le citron, l'huile d'olive, l'échalote, le Tabasco et le paprika.

3 LAISSEZ MARINER 1 h, puis ajoutez les rondelles de poireau.

millefeuilles
de légumes

Pour 4 millefeuilles

C : 8 min P : 25 min

- 1 tomate
- ½ courgette
- 1 petite aubergine
- 3 cuillères à soupe d'huile d'olive
- 10 olives noires dénoyautées
- 4 pincées de parmesan râpé
- 4 pincées de thym citronné
- Sel, poivre

1 COUPEZ LA COURGETTE en rondelles fines et plongez-les 1 min dans de l'eau bouillante salée. Refroidissez-les et égouttez-les.

2 COUPEZ LA TOMATE en rondelles ainsi que l'aubergine. Hachez les olives.

3 FAITES CHAUFFER une poêle avec l'huile d'olive et faites cuire les tranches d'aubergine 2 min de chaque côté. Égouttez-les sur du papier absorbant et laissez refroidir.

4 PLACEZ UNE RONDELLE de tomate, un peu d'olives hachées, une rondelle d'aubergine et une rondelle de courgette. Refaites la même opération, puis saupoudrez le tout de parmesan râpé et de thym.

brochette
de chèvre aux figues

Pour 2 boîtes bento moyennes

P : 15 min

- 140 g de chèvre frais en bûche
- 1 figue
- 4 feuilles de laitue (ou une autre salade)
- 2 cuillères à soupe de vinaigre balsamique
- 3 cuillères à soupe d'huile d'olive
- 2 tomates-cerises coupées en 4
- Sel, poivre

1 **Coupez le chèvre** et la figue en cubes. Placez-les sur deux piques en bois. Émincez délicatement les feuilles de salade.

2 **Mélangez** le vinaigre avec du sel et poivre, puis ajoutez l'huile d'olive. Réservez en pipette.

3 **Placez la salade** dans les boîtes, ajoutez les tomates-cerises et les brochettes. N'oubliez pas la pipette de vinaigrette.

poulet mariné
au citron

Pour 2 boîtes bento

C : 2 min P : 15 min M : 1 h

- 1 filet de poulet
- ½ citron
- 1 pincée de thym citronnée
- 4 cuillères à soupe d'huile d'olive
- 1 cuillère à soupe de persil plat haché
- Sel, poivre

1 **Coupez le filet** en lanières. Râpez le zeste du citron et mélangez-le avec le thym et l'huile d'olive.

2 **Enrobez les lanières** de poulet avec cette marinade. Laissez mariner 1 h au frais.

3 **Faites chauffer** une poêle, faites-y cuire les lanières de poulet 1 min de chaque côté. Ajoutez le persil. Laissez refroidir et garnissez un compartiment des boîtes.

caviar
d'aubergines à la feta

Pour 2 boîtes bento moyennes

C : 35 min P : 15 min

- 1 aubergine
- 1 filet d'huile d'olive
- ¼ oignon haché
- 40 g de feta en dés
- 1 pincée de paprika
- 1 pincée de curry
- 1 branche de thym
- 1 pincée de sucre
- Sel, poivre

1 **Coupez l'aubergine** dans le sens de la longueur et incisez la chair. Placez-les sur un plat, ajoutez un filet d'huile d'olive et assaisonnez. Enfournez à 180 °C (therm. 6) pendant 25 min.

2 **Placez l'oignon** haché dans une casserole avec un filet d'huile d'olive, le thym et le sucre. Assaisonnez et faites cuire à couvert à feu doux 8 min environ.

3 **Récupérez la chair** des aubergines et hachez-la finement au couteau. Mélangez-la avec l'oignon, le paprika, le curry et la feta.

oeufs farcis

à la purée d'artichauts

Pour 2 boîtes bento

C : 10 min **P : 15 min**

- 4 œufs
- 2 cœurs d'artichauts cuits
- 1 cuillère à café de mayonnaise
- 1 pointe de piment d'Espelette
- 1 cuillère à café de persil plat haché

1 **Faites cuire** les œufs (départ eau bouillante) pendant 10 min. Refroidissez-les et écalez-les. Coupez-les en deux et récupérez les jaunes.

2 **Hachez** les deux cœurs d'artichauts et mélangez-les avec les jaunes, la mayonnaise, le piment et le persil. Garnissez-en les demi-blancs d'œufs.

aiguillettes

de canard aux cerises

Pour 2 boîtes bento moyennes

C : 5 min **P : 10 min**

- 2 aiguillettes de canard
- 4 cerises dénoyautées
- 1 filet d'huile d'olive
- Sel, poivre

1 **Coupez les aiguillettes** en deux dans la largeur. Enveloppez chaque cerise avec un morceau d'aiguillette. Assaisonnez.

2 **Huilez un plat** et ajoutez les aiguillettes. Enfournez à 200 °C (therm. 6-7) pendant 5 min. Laissez refroidir. Servez avec un peu de mesclun.

tagliatelles

de courgettes

Pour 2 boîtes bento moyennes

P : 15 min

- 1 courgette
- 6 pétales de tomates confites
- 1 pincée de romarin
- Sel, poivre

1 **Coupez les courgettes** en tranches fines dans le sens de la longueur (à l'aide d'un économe). Plongez-les 1 min environ dans de l'eau bouillante salée. Refroidissez-les et égouttez-les.

2 **Hachez les tomates** confites et récupérez une cuillère à soupe d'huile.

3 **Mélangez les tranches** de courgette avec les tomates confites, l'huile et le romarin. Assaisonnez.

salade de papaye
aux cacahuètes

Pour 2 boîtes bento moyennes

P : 15 min

- ½ petite papaye
- 20 g de cacahuètes non salées
- ½ gousse de vanille
- 40 g de sucre
- 10 cl d'eau

1 **Faites bouillir** le sucre avec l'eau. Ajoutez la vanille et les cacahuètes concassées. Laissez refroidir.

2 **Épluchez la papaye** et ôtez les graines. Émincez-la, puis ajoutez le sirop de cacahuètes. Mélangez bien.

yakitori
de poulet

Pour 2 boîtes bento

C : 15 min **P : 20 min**

- 1 filet de poulet
- 1 blanc de poireau
- 4 cuillères à soupe de sauce soja
- 3 cuillères à soupe de saké
- 1 pincée de sucre
- 1 filet d'huile d'olive
- Sel, poivre

1 **Coupez le poireau** en rondelles et faites-les cuire à la vapeur 5 min. Refroidissez-les et égouttez-les.

2 **Coupez le filet** de poulet en cubes. Faites tiédir le saké, ajoutez-y le sucre et la sauce soja. Réalisez des brochettes en alternant poulet et poireau.

3 **Faites chauffer** une poêle avec un filet d'huile d'olive et faites cuire les brochettes 5 min de chaque côté (terminez la cuisson au four). Arrosez-les de sauce de temps à autre pendant la cuisson.

bananes
au lait de coco

Pour 2 boîtes bento moyennes

C : 5 min **P : 10 min**

- 2 petites bananes
- 25 cl de lait de coco
- 1 cuillère à soupe de rhum
- 20 g de sucre roux

1 **Faites bouillir** le lait de coco avec le sucre et le rhum pendant 1 min.

2 **Pelez les bananes** et coupez-les en morceaux. Ajoutez-les au lait de coco et laissez cuire 2 min à feu doux. Laissez refroidir.

sushis de thon
au concombre

Pour 2 boîtes bento

C : 15 min P : 20 min R : 1 h

- 50 g de thon rouge coupé en petites bandes
- 1 petit morceau de concombre
- 40 g de riz
- 1 cuillère à soupe de vinaigre de riz
- 1 pincée de gingembre frais râpé
- 1 pincée de sucre
- 1 cuillère à soupe de wasabi
- 1 à 2 feuilles d'algue
- Sel, poivre

1 **Coupez le concombre** en deux et ôtez les graines. Coupez la chair en petits dés.

2 **Faites tiédir** le vinaigre, puis ajoutez le sucre et le gingembre, mélangez.

3 **Faites cuire** le riz (départ eau bouillante salée) pendant 15 min. Égouttez-le. Laissez tiédir et ajoutez le vinaigre au gingembre et le concombre, mélangez. Le riz commence à coller.

4 **Humidifiez** la feuille d'algue et posez-la à plat. Ajoutez une couche de riz, un peu de wasabi et le thon. Roulez-le tout et laissez 1 h au réfrigérateur.

magrets fumés
sur compotée de nashi

Pour 2 boîtes bento moyennes

C : 10 min P : 15 min

- 1 nashi
- 8 tranches de magrets fumés
- 20 g de mesclun
- 1 pipette de vinaigrette
- 1 cuillère à soupe de sucre
- 1 cuillère à soupe de vin blanc liquoreux

1 **Épluchez et videz** le nashi. Coupez la chair en petits morceaux et placez-les dans une casserole avec le vin et le sucre. Couvrez et laissez cuire 5 min en surveillant. Ôtez le couvercle et poursuivez la cuisson 2 min. Mixez le tout et laissez refroidir.

2 **Placez** un peu de compote de nashi dans les boîtes, puis ajoutez quelques tranches de magret fumé et un peu de mesclun. N'oubliez pas la pipette de vinaigrette.

tapioca rouge
à la menthe

Pour 2 boîtes bento moyennes

C : 20 min P : 15 min

- 50 g de tapioca
- ½ grenade
- 2 feuilles de menthe émincées
- 25 g de sucre

1 **Récupérez les graines** de la grenade, placez-les dans une casserole avec le sucre et de l'eau à hauteur. Laissez cuire cinq bonnes minutes à couvert. Passez le jus au chinois.

2 **Refaites bouillir** le jus et ajoutez le tapioca. Laissez cuire 15 min environ (jusqu'à ce qu'il devienne translucide). Rajoutez de l'eau si nécessaire. Laissez refroidir et ajoutez la menthe.

nems d'écrevisses

aux pousses de soja

Pour 8 nems

C : 10 min **P : 25 min**

- 20 queues d'écrevisses cuites sous vides
- 50 g de pousses de soja
- 20 g de vermicelle de soja
- 8 galettes de riz
- 10 g de champignons noirs
- 1 œuf
- 1 cuillère à soupe de nuoc-mâm
- ½ carotte
- Sel, poivre

1 **Hachez** les champignons noirs. Plongez les pousses de soja 1 min dans de l'eau bouillante salée. Égouttez-les et hachez-les.

2 **Râpez** la carotte. Faites tremper le vermicelle 5 min dans de l'eau chaude. Égouttez-le et hachez-le. Coupez les écrevisses en petits morceaux.

3 **Mélangez** tous ces ingrédients avec l'œuf et le nuoc-mâm. Assaisonnez.

4 **Humidifiez** les galettes avec de l'eau chaude. Placez un peu de farce sur la longueur, au centre. Pliez les deux côtés et roulez. Enfournez sur un plat huilé à 190 °C (therm. 6) pendant 10 min.

Note : Vous pouvez faire cuire ces nems dans un wok.

sushis de dorade

à l'avocat

Pour 2 boîtes bento

C : 15 min **P : 25 min** **Re : 1 h**

- 50 g de dorade coupée en bandes
- ¼ d'avocat
- 40 g de riz
- 1 cuillère à soupe de vinaigre de riz
- 1 pincée de gingembre frais râpé
- 1 pincée de sucre
- 1 cuillère à soupe de wasabi
- 1 à 2 feuilles d'algue
- Sel, poivre

1 **Épluchez** l'avocat et coupez la chair en petits dés.

2 **Faites tiédir** le vinaigre, puis ajoutez le sucre et le gingembre. Mélangez.

3 **Faites cuire** le riz (départ eau bouillante salée) pendant 15 min. Égouttez-le. Laissez tiédir et ajoutez le vinaigre au gingembre et les dés d'avocat. Mélangez. Le riz commence à coller.

4 **Humidifiez** la feuille d'algue et posez-la à plat. Ajoutez une couche de riz, un peu de wasabi et la dorade. Roulez-le tout et laissez 1 h au réfrigérateur.

brochettes

de fruits caramélisés

Pour 4 brochettes

C : 3 min **P : 10 min**

- 4 cubes d'ananas
- 4 cubes de mangue
- 4 cubes de brugnon
- 4 cubes d'abricot
- 1 cuillère à café de gingembre frais râpé
- 4 cuillères à soupe de miel

1 **Réalisez** des brochettes avec les cubes de fruits en les alternant.

2 **Faites chauffer** le miel dans une poêle avec le gingembre. Ajoutez les brochettes et faites-les cuire 1 min en enrobant les brochettes de miel. Laissez refroidir et placez-les dans les boîtes.

crevettes

au curry

Pour 2 boîtes bento

C : 2 min P : 20 min M : 1 h

- 8 crevettes crues
- ½ pomme golden coupée en dés
- 2 tomates-cerises coupées en 4
- 3 cuillères à soupe de lait de coco
- 20 g de mesclun
- 1 filet d'huile d'olive
- Le zeste râpé de demi-citron vert
- 1 cuillère à café de persil plat haché
- 1 pincée de curry
- Sel, poivre

1. **Décortiquez** les queues des crevettes. Mélangez le lait de coco avec le curry et le zeste, assaisonnez et ajoutez les crevettes. Laissez mariner 1 h au réfrigérateur. Égouttez-les.

2. **Faites chauffer** une poêle avec un filet d'huile d'olive et faites colorer les crevettes 1 min de chaque côté. Mélangez-les avec les tomates-cerises et les dés de pommes. Laissez refroidir.

3. **Placez** un peu de mesclun dans les boîtes et ajoutez le mélange de crevettes par-dessus.

sushis de saumon

aux courgettes

Pour 2 boîtes bento

C : 15 min P : 30 min Re : 1 h

- 50 g de saumon taillé en bandes
- ½ courgette
- 40 g de riz
- 1 cuillère à soupe de vinaigre de riz
- 1 pincée de gingembre frais râpé
- 1 pincée de sucre
- 1 cuillère à soupe de wasabi
- 1 à 2 feuilles d'algue
- Sel, poivre

1. **Récupérez le** vert de la courgette et coupez-le en petits dés. Plongez-les 1 min dans de l'eau bouillante salée. Refroidissez-les et égouttez-les.

2. **Faites tiédir** le vinaigre, ajoutez le sucre et le gingembre, mélangez.

3. **Faites cuire** le riz (départ eau bouillante salée) pendant 15 min. Égouttez-le. Laissez tiédir et ajoutez le vinaigre au gingembre et les dés de courgette, mélangez. Le riz commence à coller.

4. **Humidifiez** la feuille d'algue et posez-la à plat. Ajoutez une couche de riz, un peu de wasabi et le saumon. Assaisonnez. Roulez-le tout et laissez 1 h au réfrigérateur.

riz madras

Pour 2 boîtes bento moyennes

C : 15-20 min P : 15 min

- 40 g de riz
- 1 cuillère à soupe de raisins secs
- 1 tranche d'ananas coupée en petits dés
- ¼ d'oignon haché
- 1 branche de thym
- 1 filet d'huile d'olive
- Sel, poivre

1. **Faites revenir** l'oignon haché à l'huile d'olive. Ajoutez le riz et les raisins, laissez cuire 30 secondes.

2. **Mouillez une fois** et demie le volume de riz en eau. Ajoutez le thym, assaisonnez. Couvrez et enfournez à 180 °C (therm. 6) pendant 10-15 min environ. Ajoutez les dés d'ananas.

riz cantonais

Pour 2 boîtes bento

C : 15 min **P : 25 min**

- 40 g de riz
- 4 crevettes décortiquées
- 25 g de petits pois
- 15 g de lardons
- ¼ d'oignon haché
- 1 œuf
- 1 filet d'huile d'olive
- 1 noix de beurre
- Sel, poivre

1 **Coupez les crevettes** en petits morceaux. Cassez l'œuf et fouettez-le. Assaisonnez.

2 **Faites fondre** une noix de beurre, ajoutez les lardons. Laissez cuire 30 secondes et ajoutez l'œuf battu. Mélangez et faites cuire 30 secondes. Laissez refroidir sur une assiette et coupez en petits morceaux.

3 **Faites revenir** l'oignon à l'huile d'olive dans une casserole. Ajoutez les petits pois et le riz. Laissez cuire 30 secondes et mouillez avec une fois et demie le volume de riz en eau. Assaisonnez, couvrez et faites cuire au four à 180 °C (therm. 6) pendant 10 min environ. Ajoutez les morceaux de crevettes et d'omelette.

wok de poulet
aux poivrons

Pour 2 boîtes bento

C : 5-6 min **P : 20 min**

- 1 filet de poulet
- ½ oignon émincé
- 1 petit morceau de poivron rouge
- 1 petit morceau de poivron jaune
- 1 cuillère à soupe de pignons de pin
- 1 filet d'huile d'olive
- Sel, poivre

1 **Coupez les poivrons** et le poulet en lanières.

2 **Faites chauffer** un wok avec un filet d'huile d'olive, puis ajoutez l'oignon et les pignons de pin. Laissez cuire 1 min. Ajoutez les lanières de poulet et laissez cuire 1 min et ajoutez les lanières de poivrons, assaisonnez et poursuivez la cuisson 3-4 min.

tagliatelles
de melon au poivre

Pour 2 boîtes bento moyennes

P : 15 min

- ½ melon
- 1 cuillère à café de poivre du Sichuan
- 5 cl de muscat
- 2 feuilles de basilic émincées

1 **Faites bouillir** le muscat. Arrêtez le feu et ajoutez le poivre du Sichuan concassé. Laissez infuser puis passez au chinois.

2 **Épluchez le melon** et ôtez les graines. Coupez la chair en morceaux.

3 **Ajoutez le muscat** filtré ainsi que le basilic émincé. Mélangez bien.

salade
de crevettes au chorizo

Pour 2 boîtes bento moyennes

C : 10 min **P : 20 min**

- 8 crevettes
- 15 mange-tout
- 4 rondelles de chorizo
- 10 cl de crème
- 1 cuillère à café de jus de citron
- 1 filet d'huile d'olive
- Sel, poivre

1. **Décortiquez les crevettes.** Coupez le chorizo en petits dés.
2. **Faites chauffer** une poêle avec un filet d'huile d'olive, faites colorer les crevettes 1 min de chaque côté. Ajoutez le chorizo et la crème. Faites bouillir le tout 1 min. Ajoutez le jus de citron et laissez refroidir.
3. **Plongez** les mange-tout 3 min dans de l'eau bouillante salée. Refroidissez-les et égouttez-les. Coupez-les en lanières.
4. **Placez les lanières** de mange-tout dans les boîtes et ajoutez les crevettes au chorizo.

sauté de canard
aux noix de cajou

Pour 2 boîtes bento

C : 7-8 min **P : 15 min**

- 1 magret de canard
- 20 g de noix de cajou
- 4 cuillères à soupe de vinaigre balsamique
- 2 épis de maïs coupé en 4
- 1 filet d'huile d'olive

1. **Ôtez** presque toute la graisse du magret de canard et coupez la chair en lanières.
2. **Faites chauffer** un wok avec un filet d'huile d'olive, ajoutez les épis de maïs et les noix de cajou. Laissez cuire 4 min, puis ajoutez les lanières de canard. Poursuivez la cuisson 2-3 min et ajoutez le vinaigre, laissez bouillir 10 secondes.

riz blanc
à la cardamome

Pour 2 boîtes bento

C : 10-15 min **P : 10 min**

- 40 g de riz
- 2 graines de cardamome
- ¼ d'oignon haché
- 1 branche de thym
- 1 filet d'huile d'olive
- Sel, poivre

1. **Faites revenir** l'oignon haché à l'huile d'olive. Ajoutez le riz et les graines de cardamome, laissez cuire 30 secondes.
2. **Mouillez une fois** et demie le volume de riz en eau. Ajoutez le thym et assaisonnez. Couvrez et enfournez à 180 °C (therm. 6) pendant 10-15 min environ.

émincé de porc
aux pousses de bambou

Pour 2 boîtes bento moyennes

C : 8 min **P : 15 min**

- 100 g de filet mignon de porc
- 2 pousses de bambou
- ¼ d'oignon émincé
- 2 cuillères à soupe de vin blanc
- 1 cuillère à café de coriandre fraîche
- Sel, poivre

1. **Coupez les pousses** de bambou en rondelles et placez-les sur du papier absorbant. Coupez le filet de porc en lanières.
2. **Faites chauffer** le wok, ajoutez l'oignon puis les pousses de bambou et laissez cuire 2 min. Ajoutez les lanières de porc et poursuivez la cuisson 4-5 min. Ajoutez le vin blanc, laissez bouillir 30 secondes et laissez refroidir. Ajoutez la coriandre et assaisonnez.

farfalles
froides à la coriandre

Pour 2 boîtes bento moyennes

C : 10 min **P : 20 min**

- 100 g de farfalles
- 4 pétales de tomates confites
- 1 cuillère à soupe de mayonnaise
- 1 cuillère à soupe de vinaigre rouge
- 1 cuillère à café de coriandre fraîche hachée
- 1 filet d'huile d'olive
- Sel, poivre

1. **Faites cuire** les farfalles (départ eau bouillante salée) avec un filet d'huile d'olive pendant 10 min. Refroidissez-les et égouttez-les.
2. **Hachez les tomates** confites et mélangez-les avec la coriandre, le vinaigre et la mayonnaise. Ajoutez les farfalles et mélangez bien. Assaisonnez.

riz au safran

Pour 2 boîtes bento moyennes

C : 20 min **P : 10 min**

- 40 g de riz
- 1 pincée de pistils de safran
- ¼ d'oignon haché
- 1 filet d'huile d'olive
- Sel, poivre

1. **Faites revenir** l'oignon haché à l'huile d'olive. Ajoutez le riz et laissez cuire 30 secondes. Mouillez une fois et demie le volume de riz en eau. Assaisonnez, couvrez et enfournez à 180 °C (therm. 6) pendant 10-15 min environ. Ajoutez le safran et mélangez.

parmentier

au poireau

Pour 2 boîtes bento moyennes

C : 40 min **P : 20 min**

- 4 pommes de terre
- 1 petit blanc de poireau
- 30 g de beurre
- 1 pointe de muscade
- Sel, poivre

1. ÉMINCEZ LE BLANC de poireau. Faites fondre 15 g de beurre, ajoutez le poireau et la muscade. Assaisonnez, couvrez et laissez cuire 6 min environ à feu doux. Mélangez de temps en temps.
2. PLACEZ LES POMMES DE TERRE dans une casserole avec de l'eau froide et du sel et faites cuire 35 min environ. Épluchez-les, puis écrasez-les à l'aide d'une fourchette. Ajoutez le restant de beurre et assaisonnez. Mélangez.
3. DANS UN CERCLE dans les boîtes, placez une couche de purée de pommes de terre, une couche de poireau puis une autre couche de purée de pommes de terre. Laissez refroidir et ôtez les cercles. Passez au four micro-ondes et c'est prêt.

tartare de saumon

au coulis d'olives noires

Pour 2 boîtes bento moyennes

P : 15 min

- 100 g de saumon frais
- 3 câpres hachées
- 2 cornichons coupés en petits dés
- 1 pincée d'aneth haché
- 1 cuillère à soupe d'huile d'olive
- 1 cuillère à café de jus de citron
- 15 olives noires dénoyautées
- 6 cuillères à soupe de jus de mangue
- 2 gouttes de Tabasco
- Sel, poivre

1. COUPEZ LE SAUMON en tout petits dés et mélangez-les avec les câpres, les cornichons, l'aneth, le jus de citron, l'huile d'olive et le Tabasco. Assaisonnez. Réservez dans les boîtes.
2. PASSEZ LES OLIVES noires au mixeur avec le jus de mangue. Assaisonnez et mettez en pipette.

sauté de porc

à l'ananas

Pour 2 boîtes bento moyennes

C : 8 min **P : 15 min**

- 100 g de mignon de porc
- 1 demi-tranche d'ananas
- 30 g de pousses de soja
- 2 cuillères à soupe de vinaigre balsamique
- 2 cuillères à soupe de sauce soja
- Sel, poivre

1. COUPEZ LE PORC en lanières et l'ananas en petits dés.
2. FAITES CHAUFFER un wok, puis ajoutez les lanières de porc. Assaisonnez et laissez cuire 4 min. Ajoutez les pousses de soja et l'ananas, poursuivez la cuisson 3-4 min. Ajoutez le vinaigre et la sauce soja, faites bouillir le tout. Laissez refroidir.

salade de nouilles
chinoises au poulet

Pour 2 boîtes bento moyennes

C : 20 min **P : 25 min**

- 1 sachet de nouilles chinoises aux champignons
- 1 filet de poulet
- 4 champignons de Paris
- 1 noix de beurre
- 1 cuillère à café de persil haché
- 2 cuillères à soupe de crème fraîche
- 1 filet d'huile d'olive
- Sel, poivre

1 PELEZ LES CHAMPIGNONS et émincez-les. Faites-les sauter au beurre, puis ajoutez le persil haché et la crème. Faites bouillir le tout, assaisonnez et réservez.

2 FAITES CHAUFFER une poêle avec un filet d'huile d'olive, faites colorer le filet de poulet de chaque côté. Assaisonnez, puis enveloppez-le dans une feuille de papier aluminium. Laissez-le 10 min. Sortez-le et coupez-le en lanières.

3 FAITES CUIRE les nouilles selon les indications portées sur l'emballage. Égouttez-les et mélangez-les avec les champignons et le poulet.

chair de crabe
sur lit d'avocat

Pour 2 boîtes bento moyennes

P : 15 min

- ½ avocat
- 1 petite boîte de crabe
- 1 cuillère à soupe de fromage blanc
- 1 cuillère à soupe de ciboulette émincée
- 1 cuillère à café de jus de citron
- 1 pincée de piment d'Espelette
- Sel, poivre

1 ÉGOUTTEZ LA CHAIR de crabe et mélangez-la avec le fromage blanc, la ciboulette et le piment. Assaisonnez.

2 ÉPLUCHEZ L'AVOCAT et ôtez le noyau. Coupez-le en tranches fines. Arrosez de jus de citron et placez-les dans les boîtes. Ajoutez une quenelle de chair de crabe par-dessus.

figues rôties
au parfum de lavande

Pour 2 boîtes bento moyennes

C : 10 min **P : 10 min**

- 2 figues
- 1 pincée de lavande
- 2 noix de beurre
- 2 cuillères à soupe de sucre

1 INCISEZ LES FIGUES en forme de croix et ajoutez une noix de beurre dessus.

2 PLACEZ-LES dans un plat et saupoudrez-les de sucre et de lavande. Enfournez à 190 °C (therm. 6) pendant 10 min.

tartare de tomate
à la mozzarella

Pour 2 boîtes bento moyennes

P : 15 min

- 1 tomate
- ½ boule de mozzarella
- 2 cuillères à soupe de vinaigre balsamique
- 1 cuillère à soupe d'huile d'olive
- 2 feuilles de basilic émincées
- Sel, poivre

1. **Ôtez le pédoncule** de la tomate et plongez-la 30 secondes dans de l'eau bouillante. Refroidissez-la, ôtez la peau et les graines. Coupez la chair en petits dés.
2. **Coupez la mozzarella** en petits dés et mélangez-la avec les dés de tomates, le vinaigre et l'huile d'olive.
3. **Dressez dans les boîtes.** Parsemez de basilic. Assaisonnez seulement au moment de déguster.

riz froid
au brugnon

Pour 2 boîtes bento moyennes

C : 10 min **P : 20 min**

- 40 g de riz
- ½ brugnon
- 30 g de miettes de thon
- 2 cuillères à soupe de vinaigrette
- Sel, poivre

1. **Faites cuire** le riz 10 min dans de l'eau bouillante salée. Refroidissez-le et égouttez-le.
2. **Coupez le brugnon** en petits dés ou en lanières. Émiettez le thon.
3. **Mélangez le riz** avec le brugnon, le thon et la vinaigrette. Assaisonnez.

carpaccio de boeuf
au céleri-branche

Pour 2 boîtes bento moyennes

P : 10 min

- 1 paquet de carpaccio de bœuf
- ½ tige de céleri-branche émincée finement
- 15 g de parmesan
- 2 quartiers de citron
- 2 cuillères à soupe d'huile d'olive
- 6 câpres
- Sel, poivre

1. **Réalisez des copeaux** de parmesan.
2. **Placez les tranches** de bœuf à plat dans les boîtes. Badigeonnez-les d'huile d'olive. Ajoutez les câpres, le céleri et le parmesan. Assaisonnez et ajoutez un quartier de citron.

semoule froide
à la coriandre fraîche

Pour 2 boîtes bento

C : 2 min **P : 15 min**

- 40 g de semoule à couscous
- ¼ d'oignon haché
- 1 filet d'huile d'olive
- 8 raisins secs
- 1 cuillère à soupe de coriandre fraîche hachée
- Sel, poivre

1 **MESUREZ** le même volume de semoule en eau. Faites revenir l'oignon à l'huile d'olive dans une casserole. Ajoutez les raisins et l'eau. Assaisonnez et portez à ébullition.

2 **VERSEZ LA SEMOULE** dans un plat creux avec un filet d'huile d'olive et mélangez. Ajoutez le bouillon et couvrez le plat. Laissez gonfler 5 min puis égrainez la semoule avec une fourchette. Ajoutez la coriandre.

poulet
aux épices mexicaines

Pour 2 boîtes bento moyennes

C : 15 min **P : 10 min** **M : 1 h**

- 4 ailerons de poulet
- 2 cuillères à soupe d'huile d'olive
- 1 pincée d'épices mexicaines
- 2 cuillères à soupe de sauce soja
- Sel, poivre

1 **ASSAISONNEZ LES AILERONS.** Mélangez l'huile d'olive avec les épices mexicaines et la sauce soja. Versez sur les ailerons et laissez mariner 1 h au réfrigérateur.

2 **ÉGOUTTEZ-LES** puis enfournez-les à 180 °C (therm. 6) pendant 10-15 min. Laissez refroidir.

tomates-cerises
à la ricotta et menthe

Pour 2 boîtes bento moyennes

P : 10 min

- 6 tomates-cerises
- 2 cuillères à soupe de ricotta
- 1 feuille de menthe émincée
- Sel, poivre

1 **RÉALISEZ UN CHAPEAU** sur les tomates-cerises et videz l'intérieur.

2 **MÉLANGEZ LA RICOTTA** avec la menthe et assaisonnez. Garnissez les tomates-cerises avec la ricotta et replacez les chapeaux par-dessus.

haricots verts
à la pancetta

Pour 2 boîtes bento moyennes

C : 20 min **P : 15 min**

- 12 haricots verts
- 2 tranches de pancetta
- 1 filet d'huile d'olive
- Sel, poivre

1 ÉQUEUTEZ les haricots verts et faites-les cuire dans de l'eau bouillante salée ou à la vapeur. Refroidissez-les et égouttez-les.

2 RÉALISEZ deux fagots de haricots verts et enveloppez-les d'une tranche de pancetta. Placez-les sur un plat huilé et enfournez à 180 °C (therm. 6) pendant 5 min.

NOTE : Vous pouvez ajouter une tranche de cantal sur les fagots avant de les passer au four.

poulet au riz
et carambole

Pour 2 boîtes bento moyennes

C : 15 min **P : 15 min**

- 1 filet de poulet
- 40 g de riz
- 4 tranches de carambole
- 1 noix de beurre
- ½ échalote hachée
- 5 cl de vin blanc
- Sel, poivre

1 FAITES CUIRE le riz 10 min dans de l'eau bouillante salée. Égouttez-le. Coupez le poulet en lanières.

2 FAITES FONDRE le beurre dans une poêle, puis faites revenir l'échalote. Ajoutez les lanières de poulet, assaisonnez et laissez cuire 5 min environ.

3 VERSEZ LE VIN BLANC et laissez réduire. Ajoutez le riz, mélangez bien et placez le tout dans les boîtes. Ajoutez les tranches de carambole.

millefeuilles
au caviar d'aubergines

Pour 2 boîtes bento moyennes

C : 40 min **P : 20 min**

- 2 pommes de terre
- 4 rondelles d'aubergine
- 1 filet d'huile d'olive
- 2 pincées de curry
- Sel, poivre

1 LAVEZ LES POMMES DE TERRE et faites-les cuire départ eau froide salée. Égouttez-les et coupez-les en rondelles assez épaisses.

2 FAITES CHAUFFER une poêle avec un filet d'huile d'olive, faites colorer les rondelles d'aubergine 1 min de chaque côté. Placez-les sur du papier absorbant.

3 PLACEZ en intercalant les rondelles de pommes de terre et d'aubergines sur deux feuilles de papier aluminium. Saupoudrez-les de curry, assaisonnez et repliez les feuilles. Enfournez à 180 °C (therm. 6) pendant 10 min.

salade
de patate douce

Pour 2 boîtes bento moyennes

C : 10 min **P : 20 min**

- 1 petite patate douce
- 1 cuillère à soupe de pignons de pin grillés
- 6 olives noires
- 1 filet d'huile d'olive
- 30 g de mesclun
- 1 cuillère à soupe de vinaigre balsamique
- 1 pointe de cumin
- Sel, poivre

1 ÉPLUCHEZ la patate douce et coupez-la en petits cubes. Coupez les olives noires en rondelles.

2 FAITES CHAUFFER une poêle avec un filet d'huile d'olive et ajoutez les dés de patate douce. Laissez cuire 10 min environ en mélangeant de temps en temps. Ajoutez les olives, les pignons de pin et le cumin. Assaisonnez, mélangez et laissez refroidir.

3 PLACEZ un peu de mesclun dans les boîtes et ajoutez la salade de patate douce. Arrosez d'un filet de vinaigre balsamique.

roulé de jambon
au Boursin

Pour 2 boîtes bento moyennes

P : 5 min

- 2 tranches de jambon blanc
- 2 carrés de Boursin

1 ÉTALEZ LE BOURSIN sur les tranches de jambon et roulez-les.

2 COUPEZ-LES en rondelles assez épaisses et placez-les dans les boîtes avec un petit bouquet de mâche par exemple.

framboises
au citron vert râpé

Pour 2 boîtes bento moyennes

P : 5 min

- 100 g de framboises
- ½ citron vert
- 1 cuillère à soupe de sucre glace

1 PLACEZ le sucre sur un côté dans les boîtes. Disposez les framboises à côté. Râpez le citron vert sur les framboises.

boulghour
aux abricots secs

Pour 2 boîtes bento moyennes

C : 15 min **P : 15 min**

- 40 g de boulghour
- 2 abricots secs
- ¼ d'oignon haché
- 1 filet d'huile d'olive
- 1 cuillère à soupe de persil plat haché

1 **Coupez** les abricots secs en petits dés.

2 **Faites revenir** l'oignon haché à l'huile d'olive. Ajoutez le boulghour et laissez cuire 30 secondes. Mouillez une fois et demie le volume de boulghour en eau. Assaisonnez, couvrez et enfournez à 180 °C (therm. 6) pendant 10-15 min environ. Ajoutez les abricots secs ainsi que le persil et mélangez.

crevettes sautées
aux épis de maïs

Pour 2 boîtes bento moyennes

C : 6-7 min **P : 15 min**

- 10 gambas
- 3 épis de maïs
- ½ gousse d'ail hachée
- 1 filet d'huile d'olive
- 2 cuillères à soupe de persil plat haché
- Sel, poivre

1 **Décortiquez** les gambas. Coupez les épis de mais en quatre dans sa largeur.

2 **Faites chauffer** un wok avec un filet d'huile d'olive, ajoutez les épis de maïs ainsi que l'ail et faites cuire 5 min en mélangeant. Ajoutez les gambas, poursuivez la cuisson 1 ou 2 min, puis ajoutez le persil. Mélangez bien.

minicakes
banane et dattes

Pour 10 minicakes

C : 20 min **P : 15 min** **R : 1 h**

- ½ banane
- 3 dattes
- 3 œufs
- 180 g de farine
- 10 cl de lait
- ½ sachet de levure chimique
- 10 cl d'huile
- 1 cuillère à soupe de miel
- 1 noix de beurre

1 **Épluchez** la banane et coupez-la en petits dés ainsi que les dattes.

2 **Fouettez** les œufs avec le miel. Incorporez la farine et la levure petit à petit. Ajoutez l'huile et le lait en mélangeant bien. Ajoutez les dés de banane et de dattes.

3 **Beurrez** de petits moules à cake et versez l'appareil aux trois quarts. Laissez reposer 1 h au réfrigérateur.

4 **Enfournez** à 180 °C (therm. 6) pendant 25 min environ. Démoulez-les et laissez refroidir.

oeufs pochés
sur lit d'endives

Pour 2 boîtes bento moyennes

C : 3 min **P : 20 min**

- 1 petite endive
- 2 œufs extra-frais
- 2 pincées de paprika
- 1 cuillère à café de jus de citron
- 2 cuillères à soupe d'huile d'olive
- 1 cuillère à soupe de vinaigre
- Sel, poivre

1 **Coupez** l'endive en deux et ôtez le cœur. Émincez finement les feuilles.

2 **Mélangez** le jus de citron avec une pincée de paprika et assaisonnez. Ajoutez l'huile d'olive et mélangez. Ajoutez l'endive émincée.

3 **Faites bouillir** une casserole d'eau avec le vinaigre et une pincée de paprika. Baissez le feu pour obtenir un frémissement. Cassez les œufs séparément dans des ramequins, puis versez-les doucement dans la casserole. Au bout de 1 min, remontez le blanc sur le jaune à l'aide de cuillères et poursuivez la cuisson 1 min 30. Placez-les dans un saladier avec de l'eau très fraîche et égouttez-les sur du papier absorbant.

4 **Placez** les œufs pochés sur la salade d'endive.

chou chinois
au cabillaud

Pour 2 boîtes bento moyennes

C : 5 min **P : 10 min** **M : 30 min**

- 100 g de chou chinois
- 100 g de dos de cabillaud
- 2 cuillères à soupe d'huile d'olive
- 4 rondelles de chorizo
- 1 pincée de paprika

1 **Émincez** finement le chou chinois. Coupez le chorizo en petits dés.

2 **Faites chauffer** une poêle et faites revenir les dés de chorizo 1 min. Versez-les sur le chou chinois et assaisonnez.

3 **Mélangez** l'huile d'olive avec le paprika et badigeonnez le dos de cabillaud. Faites mariner 30 min, puis faites cuire le cabillaud à la vapeur (3 min environ). Laissez-le refroidir et effeuillez-le. Ajoutez-le au chou chinois, mélangez.

compote d'abricots
aux amandes

Pour 2 boîtes bento moyennes

C : 10 min **P : 10 min**

- 8 abricots
- 1 cuillère à soupe d'amandes effilées
- 1 noix de beurre
- 2 cuillères à soupe de sucre

1 **Coupez** les abricots en deux et ôtez leur noyau. Recoupez-les deux.

2 **Faites chauffer** une poêle avec une noix de beurre. Ajoutez les abricots et faites cuire 5 min. Ajoutez le sucre et les amandes, poursuivez la cuisson 5 min à feu doux et à couvert. Laissez refroidir.

saumon fumé
au fenouil confit

Pour 2 boîtes bento moyennes

C : 15 min **P : 15 min**

- 1 grosse tranche de saumon fumé
- 1 petit bulbe de fenouil
- 1 cuillère à café de citron vert
- 1 filet d'huile d'olive
- Sel, poivre

1 **Parez** le fenouil de chaque côté et coupez-le en deux. Ôtez le cœur et coupez le fenouil en petits dés. Plongez-les 2 min dans de l'eau bouillante salée. Refroidissez-les et égouttez-les.

2 **Placez** les dés de fenouil dans une casserole avec un filet d'huile d'olive. Assaisonnez, couvrez et faites cuire 10 min environ à feu doux, en mélangeant de temps en temps. Laissez refroidir.

3 **Coupez** le saumon en lanières et ajoutez-le au fenouil ainsi que le jus de citron.

râpée de légumes
croquants

Pour 2 boîtes bento moyennes

P : 15 min **Re : 6 h**

- ½ carotte
- ½ betterave
- ¼ de céleri boule
- 4 cuillères à soupe d'huile d'olive
- 3 cuillères à soupe de vinaigre de framboises
- Sel, poivre

1 **Épluchez et râpez** les légumes. Placez-les dans un saladier avec de l'eau à hauteur et des glaçons. Réservez 6 h au réfrigérateur.

2 **Égouttez-les** et assaisonnez-les avec le vinaigre et l'huile.

salade d'agrumes
à l'aneth

Pour 2 boîtes bento moyennes

P : 15 min

- 1 orange
- 1 pamplemousse
- 1 citron vert
- 1 cuillère à café d'aneth haché
- 1 cuillère à café de miel liquide

1 **Pelez** à vif les agrumes et récupérez les quartiers de pulpe. Mélangez-les avec l'aneth et le miel.

salade de blé
au poivron

Pour 2 boîtes bento moyennes

C : 10 min **P : 10 min**

- 40 g de blé
- 3 morceaux de poivron à l'huile
- 1 cuillère à soupe de mayonnaise
- 2 feuilles de basilic émincées
- 3 cuillères à soupe de vinaigre de vin
- Sel, poivre

1 Faites cuire le blé (départ eau bouillante salée), puis refroidissez-le et égouttez-le. Coupez les morceaux de poivron en lanières.

2 Mélangez bien le blé avec les lanières de poivron, la mayonnaise, le vinaigre et le basilic. Assaisonnez.

pannequets
de saumon fumé

Pour 2 boîtes bento

P : 15 min **Re : 1 h**

- 2 tranches de saumon fumé
- 2 cuillères à soupe de ricotta
- 1 cuillère à café de jus de citron
- 1 cuillère à café d'aneth haché
- Sel, poivre

1 Mélangez la ricotta avec le jus de citron et l'aneth. Assaisonnez.

2 Badigeonnez les tranches de saumon de ricotta et roulez-les. Laissez 1 h au réfrigérateur, puis coupez-les rondelles épaisses.

fraises
au chocolat

Pour 2 boîtes bento moyennes

P : 10 min

- 14 fraises
- 20 g de chocolat noir

1 Lavez les fraises, épongez-les délicatement et équeutez-les. Coupez-les en deux et placez-les dans les boîtes.

2 Réalisez des copeaux de chocolat à l'aide d'un économe ou d'un couteau. Répartissez les copeaux de chocolat sur les fraises.

roquette
à la feta marinée

Pour 2 boîtes bento moyennes

P : 10 min

- 50 g de feta
- 30 g de roquette
- 2 cuillères à soupe d'huile d'olive
- 1 cuillère à soupe de vinaigre balsamique
- 2 tomates-cerises
- 1 pincée de piment d'Espelette
- Sel, poivre

1 COUPEZ la feta en dés et les tomates-cerises en 4. Mélangez-les avec le vinaigre, l'huile et le piment. Assaisonnez.

2 PLACEZ la roquette dans les boîtes et ajoutez la feta marinée.

riz sauvage
au calamar

Pour 2 boîtes bento moyennes

C : 20 min **P : 15 min**

- 40 g de riz sauvage (ou aux 3 parfums)
- 1 petit calamar
- ½ gousse d'ail hachée
- 1 cuillère à soupe de persil haché
- 3 cl de cognac
- 1 filet d'huile d'olive
- Sel, poivre

1 FAITES CUIRE le riz sauvage (départ eau bouillante salée) pendant 15 min environ. Refroidissez-le et égouttez-le. Coupez le calamar en lanières. Essuyez-le.

2 FAITES CHAUFFER une poêle avec un filet d'huile d'olive, faites revenir les lanières de calamar pendant 1 min. Ajoutez l'ail et le persil et poursuivez la cuisson 2 min. Flambez-les au cognac, puis versez le tout sur le riz. Mélangez.

fromage blanc
au citron

Pour 2 boîtes bento moyennes

P : 5 min

- 8 cuillères à soupe de fromage blanc
- ½ citron
- 1 cuillère à soupe de cassonade
- 2 feuilles de menthe fraîche émincées

1 RÂPEZ le zeste du citron. Mélangez le fromage blanc avec la cassonade, le zeste de citron et la menthe fraîche.

râpée de rave

au surimi

Pour 2 boîtes bento moyennes

P : 15 min

- 1 petit céleri-rave
- 4 bâtons de surimi
- 1 cuillère à soupe de ciboulette émincée
- 1 cuillère à soupe de mayonnaise
- 1 pointe de raifort
- Sel, poivre

1 **Épluchez** puis râpez le céleri-rave. Coupez le surimi en rondelles fines.

2 **Mélangez** le céleri-rave avec la mayonnaise, le raifort, la ciboulette et le surimi. Assaisonnez.

poulet vapeur

aux asperges vertes

Pour 2 boîtes bento moyennes

C : 8 min **P : 20 min**

- 1 filet de poulet
- 8 asperges vertes
- 1 cuillère à soupe de vinaigre balsamique
- 1 cuillère à café de parmesan râpé
- 1 filet d'huile d'olive
- Sel, poivre

1 **Assaisonnez** le filet de poulet et faites-le cuire à la vapeur. Laissez refroidir et coupez-le en lanières.

2 **Plongez** les asperges vertes dans de l'eau bouillante salée pendant 6 min environ. Refroidissez-les et ôtez la peau fine et le pied.

3 **Faites chauffer** une poêle avec un filet d'huile d'olive et faites revenir les asperges 1 min. Ajoutez le vinaigre et faites bouillir. Placez les asperges dans les boîtes, saupoudrez de parmesan et ajoutez les lanières de poulet.

brochettes

d'ananas caramélisées

Pour 4 brochettes

C : 2 min **P : 10 min**

- ¼ d'ananas
- 20 g de beurre
- 2 cuillères à soupe de sucre
- 3 cl de rhum
- 2 feuilles de menthe

1 **Épluchez** l'ananas et coupez-le en cubes. Réalisez 4 brochettes.

2 **Faites fondre** le beurre dans une poêle et ajoutez les brochettes. Faites-les rôtir de chaque côté, puis saupoudrez-les de sucre. Poursuivez la cuisson 1 min en les retournant. Flambez-les au rhum.

3 **Placez** les brochettes dans les boîtes et arrosez-les de jus. Laissez refroidir. Émincez finement la menthe et ajoutez-la sur les brochettes.

tajine de courgettes
et d'empereur

Pour 2 boîtes bento moyennes

C : 15 min **P : 25 min**

- 1 filet d'empereur (100 g environ)
- 1 courgette
- ¼ d'oignon haché
- 1 pincée de cinq-épices
- 50 cl de bouillon de volaille
- 1 branche de thym frais
- 1 filet d'huile d'olive
- 2 quartiers de citron
- Sel, poivre

1. **Ôtez** les extrémités de la courgette et coupez-la en petits morceaux. Coupez l'empereur en petits morceaux.
2. **Dans une casserole,** faites revenir l'oignon à l'huile d'olive et ajoutez le cinq-épices, mélangez. Ajoutez le bouillon de volaille et faites bouillir le tout. Ajoutez les morceaux de poisson et de courgette ainsi que le thym, assaisonnez et laissez cuire 8 min à frémissements. Ôtez les morceaux de poisson et de courgette et placez-les dans les boîtes.
3. **Faites réduire** le bouillon aux trois quarts et versez-le sur le poisson. Ajoutez un quartier de citron.

salade d'asperges
blanches au raifort

Pour 2 boîtes bento moyennes

P : 15 min

- 1 bocal de petites asperges blanches cuites
- 3 cuillères à soupe de fromage blanc
- 1 tranche de saumon fumé
- 1 pointe de raifort
- 1 pincée de piment d'Espelette
- 1 cuillère à café de jus de citron
- Sel, poivre

1. **Égouttez** les asperges, coupez-les en morceaux et placez-les sur du papier absorbant. Coupez le saumon en lanières.
2. **Mélangez** le fromage blanc avec le raifort et le piment, assaisonnez. Ajoutez le saumon fumé, les asperges et le jus de citron.

brie
aux groseilles

Pour 2 boîtes bento

C : 1 min **P : 10 min**

- 2 tranches de brie
- 3 grappes de groseilles
- 30 g de mesclun
- 1 cuillère à soupe de vinaigre balsamique
- 1 noix de beurre

1. **Placez** le mesclun dans les boîtes, puis les tranches de brie.
2. **Équeutez** les groseilles. Faites fondre le beurre dans une petite poêle, ajoutez les groseilles et laissez cuire 30 secondes. Ajoutez le vinaigre. Versez le tout sur les tranches de brie.

râpée de carottes
à l'orange

Pour 2 boîtes bento moyennes

P : 15 min

- 2 petites carottes
- 1 orange
- 1 cuillère à soupe de coriandre fraîche
- 1 cuillère à soupe d'huile d'olive
- 1 cuillère à soupe de vinaigre de vin
- Sel, poivre

1 **Épluchez et râpez** les carottes. Pelez à vif l'orange et récupérez les quartiers de pulpe. Coupez-les en petits dés.

2 **Mélangez** les carottes avec les dés d'orange, le vinaigre, la coriandre et l'huile. Assaisonnez.

salade de thon
aux pousses de soja

Pour 2 boîtes bento moyennes

C : 5 min P : 15 min M : 30 min

- 100 g de thon rouge
- 30 g de pousses de soja
- Le zeste râpé d'un demi-citron vert
- 3 cuillères à soupe d'huile d'olive
- 4 gouttes de Tabasco
- 1 cuillère à soupe de cerfeuil haché
- Sel, poivre

1 **Coupez** le thon rouge en dés. Mélangez-les avec le zeste de citron et l'huile d'olive. Laissez mariner 30 min.

2 **Faites revenir** les pousses de soja 1 min à l'huile d'olive et enlevez-les. Faites colorer les dés de thon de chaque côté. Ajoutez-les aux pousses de soja et laissez refroidir. Ajoutez le Tabasco et le cerfeuil. Assaisonnez.

mandarines rôties
et éclats de groseilles

Pour 2 boîtes bento moyennes

C : 3 min P : 10 min

- 2 mandarines
- 1 grappe de groseilles
- 1 branche de romarin
- 20 g de beurre
- 1 cuillère à soupe de cassonade

1 **Épluchez et détaillez** les quartiers de mandarines.

2 **Faites fondre** le beurre dans une poêle et ajoutez les quartiers de mandarines. Saupoudrez-les de sucre et de romarin. Faites rôtir 1 à 2 min et laissez refroidir dans les boîtes. Ajoutez quelques grains de groseilles.

lentilles corail
au concombre

Pour 2 boîtes bento moyennes

C : 20 min **P : 20 min**

- 50 g de lentilles corail
- 4 tranches de magret fumé
- ¼ d'oignon haché
- ¼ de concombre
- 2 cuillères à soupe d'huile d'olive
- 1 cuillère à soupe d'huile de noisettes
- 2 cuillères à soupe de vinaigre de vin
- Sel, poivre

1. **Dans une casserole,** faites revenir l'oignon avec une cuillère d'huile d'olive. Ajoutez les lentilles, couvrez d'eau et laissez cuire 10 min. Ajoutez un peu de sel et poursuivez la cuisson 10 min environ. Égouttez-les.
2. **Coupez** les tranches de magret en lanières. Ôtez les graines du concombre, puis émincez-le.
3. **Mélangez** les lentilles avec les lanières de magret fumé, le concombre, le vinaigre et les deux huiles. Assaisonnez.

côtes d'agneau
à l'aubergine

Pour 2 boîtes bento moyennes

C : 20 min **P : 15 min**

- 4 côtes d'agneau
- 1 petite aubergine
- 1 branche de thym
- 1 gousse d'ail écrasée
- 5 cl d'huile d'olive
- Sel, poivre

1. **Coupez** l'aubergine en tout petits dés. Faites chauffer une poêle avec un filet d'huile d'olive et faites revenir les dés d'aubergine 10 min. Assaisonnez et placez-les dans les boîtes.
2. **Assaisonnez** les côtes. Faites chauffer une poêle avec un filet d'huile d'olive et la gousse d'ail, puis faites cuire les côtes 2 min de chaque côté. Saupoudrez de thym et placez-les sur les dés d'aubergine.

spaghetti
de courgettes

Pour 2 boîtes bento moyennes

C : 5 min **P : 15 min**

- 1 courgette
- 1 filet d'huile d'olive
- 8 olives noires
- 1 gousse d'ail écrasée
- 3 feuilles de basilic émincées
- Sel, poivre

1. **Râpez** la courgette avec la grosse grille.
2. **Faites chauffer** une poêle avec un filet d'huile, ajoutez les olives noires, la courgette râpée et la gousse d'ail. Assaisonnez et laissez cuire 5 min en mélangeant de temps en temps. Parsemez de basilic.

mesclun au melon
et viande des Grisons

Pour 2 boîtes bento moyennes

P : 15 min

- 1/8 de melon vert
- 6 tranches de viande des Grisons
- 30 g de mesclun
- 1 cuillère à soupe de pignons de pin grillés
- 1 cuillère à soupe de vinaigre balsamique

1 **Réalisez** de petites billes de melon vert ou coupez-le en petits morceaux. Coupez la viande des Grisons en lanières.

2 **Placez** le mesclun dans les boîtes.

3 **Mélangez** les billes de melon avec la viande des Grisons, le vinaigre et les pignons. Ajoutez le tout sur le mesclun.

pannequets
de jambon blanc

Pour 2 boîtes bento moyennes

C : 10 min **P : 20 min**

- 2 tranches de jambon blanc
- 200 g de petits pois
- 1 filet d'huile de noisettes
- 15 g de beurre
- Sel, poivre

1 **Faites cuire** les petits pois (départ eau bouillante salée). Refroidissez-les et égouttez-les. Faites fondre le beurre jusqu'à l'obtention d'une couleur noisette.

2 **Passez** au mixeur les petits pois en ajoutant le beurre noisette et l'huile. Assaisonnez.

3 **Badigeonnez** les tranches de jambon avec la purée de petits pois et roulez le tout. Coupez-les rondelles.

tagliatelles
colorées au parmesan

Pour 2 boîtes bento moyennes

C : 3 min **P : 10 min**

- 120 g de tagliatelles colorées fraîches
- 1 tomate
- 2 cuillères à soupe de parmesan râpé
- 1 cuillère à soupe de pistou
- 1 filet d'huile d'olive
- Sel, poivre

1 **Faites cuire** les tagliatelles selon les indications portées sur l'emballage. Refroidissez-les et égouttez-les.

2 **Ôtez** le pédoncule de la tomate et plongez-la 30 secondes dans de l'eau bouillante salée. Refroidissez-la et enlevez la peau et les graines. Coupez la chair en petits dés.

3 **Mélangez** les pâtes avec le pistou, les dés de tomates et assaisonnez. Ajoutez un filet d'huile d'olive. Placez-les dans les boîtes et saupoudrez de parmesan râpé.

tartare de boeuf
et mange-tout émincés

Pour 2 boîtes bento moyennes

C : 1 min **P : 15 min**

- 100 g de bœuf haché
- 10 mange-tout
- 1 cuillère à soupe d'huile d'olive
- 4 câpres hachées
- 1 cornichon haché
- ½ échalote hachée
- 3 gouttes de Tabasco
- 1 jaune d'œuf
- 2 cuillères à soupe de persil plat haché
- Sel, poivre

1 **Plongez** les mange-tout 1 min dans de l'eau bouillante salée. Refroidissez-les et égouttez-les. Émincez-les finement.

2 **Mélangez** la viande hachée avec les autres ingrédients et assaisonnez. Placez un peu de tartare de bœuf dans les boîtes et ajoutez un nid de mange-tout.

salade de thon
aux légumes verts

Pour 2 boîtes bento moyennes

C : 20 min **P : 30 min**

- 1 petite boîte de thon
- 40 g de petits pois
- 10 haricots verts
- 10 mange-tout
- 4 tranches de chorizo
- 1 filet d'huile d'olive
- Sel, poivre

1 **Faites cuire** les légumes verts séparément (départ eau bouillante salée). Refroidissez-les et égouttez-les (faites-les cuire légèrement croquants).

2 **Coupez** le chorizo en petits dés. Égouttez le thon et émiettez-le.

3 **Faites chauffer** une poêle avec un filet d'huile d'olive, ajoutez le chorizo et laissez cuire 30 secondes. Versez les dés de chorizo sur les légumes verts. Ajoutez le thon et assaisonnez.

galette
de pommes de terre

Pour 2 boîtes bento moyennes

C : 10 min **P : 15 min**

- 2 pommes de terre
- 25 g de lardons
- 1 jaune d'œuf
- 20 g de beurre
- 1 cuillère à soupe de persil plat haché
- Sel, poivre

1 **Faites revenir** les lardons dans une poêle avec une noix de beurre, puis ôtez-les.

2 **Épluchez** les pommes de terre puis râpez-les. Mélangez-les avec le jaune d'œuf, le persil, les lardons et assaisonnez.

3 **Faites réchauffer** la même poêle avec du beurre et ajoutez les pommes de terre. Tassez bien pour obtenir une galette et laissez cuire 5 min à feu moyen. Retournez-la et poursuivez la cuisson 5 min. Coupez-la en deux ou réalisez de petites galettes.

index

Ouvrage collectif créé par Losange
Avec la collaboration de : Guillaume Mourton, Patrick André, Hervé Chaumeton

Coordination éditoriale : Laurence Dechel
PAO : Nathalie Lachaud, Francis Rossignol
Photogravure : Stéphanie Henry, Chantal Mialon

ISBN : 978-2-84416-777-4
N° d'éditeur : 84416
Dépôt légal : octobre 2008

Achevé d'imprimer : septembre 2008
Imprimé en Slovaquie par Polygraf Print GmbH, Presov